liberté

d'action :

Projet de **réduction des méfaits
chez les jeunes des milieux ruraux**

Appuyer les jeunes dans la création de leurs propres solutions

Centre
for Addiction and
Mental Health
Centre de
toxicomanie et
de santé mentale

Centre de santé mentale de la rue Queen
Fondation de la recherche sur la toxicomanie
Institut Donwood
Institut psychiatrique Clarke

Un Centre d'excellence de l'Organisation mondiale de la santé

Liberté d'action
Projet de réduction des méfaits chez les jeunes
des milieux ruraux

Pour tout renseignement sur d'autres produits
du Centre de toxicomanie et de santé mentale ou
pour passer une commande, veuillez contacter :
Le Service du marketing et des ventes
33, rue Russell
Toronto (Ontario) M5S 2S1
Canada
Téléphone : 1 800 661-1111 ou
(416) 595-6059 à Toronto
Courriel : marketing@camh.net

Site Web : www.camh.net

Available in English :
Freedom to Act
The "Harm Reduction for Rural Youth"
Project Experience

2329 / 02-00 / 200

AVANT-PROPOS

Quand HARRY rencontre Dunnville
Un lancement réussi chez les jeunes des milieux ruraux

Le bal des finissants approchant, l'école secondaire de Dunnville (Ontario) avait bien besoin de stratégies de réduction des méfaits causés par la consommation d'alcool et d'autres drogues.

Au printemps 1999, les élèves se rassemblèrent donc dans le gymnase pour assister, croyaient-ils, au "sermon" habituel sur les dangers de la conduite en état d'ivresse. Mais, une surprise les attendait.

Contrairement à leurs attentes, les 750 élèves de l'école secondaire de Dunnville ont été témoins des réalisations auxquelles leurs camarades (et, par le fait, eux-mêmes) pouvaient arriver en canalisant leurs aptitudes et leur enthousiasme vers un but commun.

Devant toute la population étudiante et quelques invités, trois élèves du secondaire ont présenté le fruit de presque deux années de travail effectué par eux et des collaborateurs. Il s'agissait de l'équipe de création du magazine *Wild Times, Deadly Times*, qui a été distribué par la suite à toute l'école. Grâce à ce magazine, les jeunes de cette petite collectivité se familiarisèrent avec les moyens d'éviter les dangers associés à l'alcool et aux drogues, dangers qui peuvent coûter la vie à des adolescents vivant en milieu rural.

Le projet reconnaît les problèmes distincts que pose l'environnement aux jeunes des milieux ruraux par rapport aux jeunes des grands centres urbains. C'est pourquoi il fallait mettre au point des stratégies différentes pour composer avec les difficultés propres aux petites villes.

C'est une intervenante auprès des jeunes de Dunnville qui a eu l'idée de confier à des adolescents un projet de réduction des méfaits. Idée chaudement accueillie par la collectivité locale, ouverte à l'innovation et préoccupée par le bien-être de ses futurs dirigeants.

L'intervenante et la collectivité ont donc collaboré avec le Centre de toxicomanie et de santé mentale (CTSM) pour former l'équipe du Projet de réduction des méfaits chez les jeunes des milieux ruraux (connu sous l'acronyme HARRY, pour "Harm Reduction for Rural Youth"). L'équipe s'est servie des conclusions d'un projet similaire (*Vole de tes propres ailes**), mis en oeuvre dans un environnement urbain, en l'adaptant aux besoins particuliers d'une collectivité rurale. Ses membres ont documenté et évalué chaque étape du projet pour veiller à ce que le personnel du CTSM et les autres participants tirent le plus grand parti de cette expérience. Le présent guide décrit les leçons tirées grâce au projet HARRY.

Qui de mieux que les adolescents des milieux ruraux pour trouver des moyens de transmettre à leurs camarades des renseignements essentiels sur la consommation d'alcool et d'autres drogues? Les jeunes d'aujourd'hui sont extrêmement créatifs et parfaitement capables de trouver leurs propres solutions s'ils en ont l'occasion, avec un minimum de supervision. La "liberté d'action" est tout ce dont ils ont besoin.

---

*Vole de tes propres ailes! : Projet de réduction des méfaits chez les jeunes de la rue, Centre de toxicomanie et de santé mentale, 1998.

REMERCIEMENTS

LES RESPONSABLES DE CE GUIDE

Liberté d'action a été adapté par Angus Scott de *Vole de tes propres ailes! : Projet de réduction des méfaits chez les jeunes de la rue* (Centre de toxicomanie et de santé mentale, 1998)

Les personnes suivantes ont participé à la réalisation de ce guide :
Julia Greenbaum
Sharon LaBonté-Jaques
Cindy Smythe
Suzanne Witt-Foley

Les personnes suivantes ont commenté les ébauches de ce guide :
Donna Beatty
Blanche Bénéteau
Andrea Stevens Lavigne
Michelle Ott

Texte revu par :
Honey Fisher

Conception graphique de :
Mara Korkola

PARTENAIRES DU PROJET DE RÉDUCTION DES MÉFAITS CHEZ LES JEUNES DE LA RUE

Service régional de santé de Haldimand-Norfolk, division des toxicomanies :
Cindy Jennings
Mary Nemeth
Sharon Thomas
Peter Welch

Centre de toxicomanie et de santé mentale :
Julia Greenbaum
Sharon LaBonte-Jaques (chef de projet)
Cindy Smythe
Suzanne Witt-Foley

Société d'aide à l'enfance de Haldimand-Norfolk

École secondaire de Dunnville
(Conseil scolaire du district de Grand Erie) :
Joan Biliski
Roseann McCulley
Bob Ronald

Élèves du programme d'enseignement coopératif :
Mike Feltham
Amber Flagg
Angie Kingsmill
Mike Reid
Jill Vaughn
Breanne Wildfong

LISTE DE POINTS IMPORTANTS ET DE SUGGESTIONS

TABLE DES MATIÈRES

RAISON D'ÊTRE DE CE GUIDE

1

Le présent guide remplit deux fonctions bien précises. Il raconte d'abord comment une collectivité rurale est parvenue à mobiliser des jeunes à l'aide d'un programme d'éducation et d'intervention. Son deuxième objectif, et peut-être le plus important, est d'aider les collectivités intéressées à aborder, en compagnie des jeunes, les questions portant sur la consommation d'alcool et d'autres drogues, ainsi que les problèmes qui en découlent.

Le projet HARRY visait à familiariser les adolescents aux méthodes de réduction des méfaits causés par l'usage d'alcool et d'autres drogues. Les jeunes de l'équipe de projet ont participé à l'exploration des questions les concernant et à la conception d'un magazine d'information pour leurs pairs.

Définition de l'approche participative

- elle comprend à la fois un volet exploration et un volet développement;

- elle ne fait pas appel à des "experts" de l'extérieur qui considèrent les gens comme des "sujets";

- elle incite les participants à explorer les questions qui les concernent ou à informer les gens sur ces questions;

- elle aborde les questions laissées de côté par les méthodes plus traditionnelles;

- elle vise à améliorer la qualité de vie des participants;

- elle reconnaît le rôle important des connaissances et de l'expérience des jeunes dans la recherche de solutions à leurs propres problèmes. Ne sont-ils pas d'ailleurs les mieux placés?

Méthodes d'exploration participative

• discussions de groupe

• séances publiques

• enquêtes

• visites d'information

• collecte de documentation

Méthodes d'éducation participative

• photoromans

• théâtre populaire

• vidéos

• contes

• illustrations

• magazines

• autres moyens efficaces auprès du groupe
  concerné

Caractéristiques des projets participatifs

• ils utilisent les connaissances pratiques des
  participants;

• ils reconnaissent la valeur des expériences des
  participants et s'en inspirent;

• ils plaisent aux gens qui sont rebutés par d'autres
  types de recherches comme des rapports écrits
  ou des méthodes scientifiques formelles.

Avantages de faire participer les jeunes

Lorsque les jeunes participent activement à
l'exploration et à la résolution des problèmes qui
les concernent, leurs solutions sont généralement
efficaces. Pourquoi? Les solutions conçues par et
pour des jeunes sont :

• pertinentes aux yeux des jeunes;

• accessibles aux jeunes;

• acceptables aux yeux des jeunes;

• capables de toucher les jeunes.

Les participants au projet :

• vivent une expérience enrichissante;

• acquièrent des compétences précieuses;

• se sentent en mesure d'apporter des changements à leur vie;

• se sentent en mesure d'apporter des changements à leur collectivité.

Les élèves avaient le choix : ils auraient pu créer un livre ou une vidéocassette au lieu d'un magazine. Ils auraient pu mettre sur pied un programme ou un service. L'important c'est que le projet leur a donné les outils leur permettant de faire de leur mieux et, surtout, de réussir.

Ce manuel décrit les nombreux avantages de faire participer des jeunes à ce genre d'initiative. L'approche participative et les partenariats communautaires sont les deux principaux facteurs de réussite du projet.

L'étape qui suit l'exploration est le développement. L'information tirée de la recherche peut être transmise aux membres de la collectivité par l'intermédiaire d'un produit, d'un programme ou d'un service éducatif.

HISTORIQUE
DU PROJET HARRY

2

LE POINT DE DÉPART

Le projet HARRY s'est amorcé lorsqu'une intervenante auprès
des jeunes de Dunnville a lu de la documentation sur le
Projet de réduction des méfaits chez les jeunes de la rue, mis
à l'essai à Toronto. Souhaitant réaliser un projet similaire
pour le milieu rural, elle s'adressa au Centre de toxicomanie
et de santé mentale (CTSM). La collectivité de Dunnville se
montrait ouverte aux nouvelles idées et pouvait compter
sur ses partenaires pour faire bouger les choses. Réalisant
le potentiel de cette initiative, le personnel local du CTSM
élabora une proposition initiale, puis lança, en 1997, le
projet HARRY.

Élaboration d'un plan de projet

- Évaluer les besoins de la collectivité au moyen de la recherche, de l'observation et/ou de l'expérience directe.
- Définir avec précision les besoins en consultant des experts de la collectivité, etc.
- Déterminer qui sera chargé de définir les besoins, de planifier le projet et de participer à chaque étape du processus.
- Élaborer une ébauche de projet.
- Établir un échéancier en indiquant les responsables des différentes tâches et les délais à respecter. Tenir compte des besoins de toutes les personnes concernées.
- Établir le budget en fonction des ressources nécessaires à chaque étape, de la planification à la production. Comment obtenir du financement ou des dons? Est-il possible de mettre en commun ses ressources et celles d'autres organismes?
- Demander à des membres de la collectivité et à d'autres experts de commenter le plan.
- Utiliser ces commentaires pour élaborer un plan définitif réaliste en précisant les buts, les participants, les échéances et les budgets.

«En analysant les réponses des élèves à nos sondages, nous nous sommes rendus compte que les adolescents estimaient qu'il existait dans la communauté une foule de renseignements faciles à obtenir, mais pas toujours utiles et qu'il serait peut-être bon de produire une ressource contenant des renseignements utiles aux adolescents.»

Rapport de l'équipe de jeunes

LES QUESTIONS D'INTÉRÊT

Nous savons que la consommation d'alcool et d'autres drogues est monnaie courante parmi les jeunes. Nous connaissons aussi ses conséquences néfastes parmi eux. L'usage d'alcool et d'autres drogues ne disparaîtra probablement pas malgré nos plus gros efforts de prévention. En tenant compte de cette réalité, nous pouvons diriger une partie de nos énergies vers les moyens de réduire les méfaits chez les jeunes.

Le projet HARRY avait deux buts principaux : 1) élaborer des stratégies visant à prévenir et à réduire les risques causés par l'alcool et les autres drogues parmi les jeunes des milieux ruraux; 2) enrichir nos connaissances sur les méthodes qui marchent bien dans les collectivités rurales. Ses objectifs spécifiques étaient les suivants :

- déterminer les besoins de la collectivité et son ouverture aux stratégies de réduction des méfaits;
- faire participer les jeunes à l'élaboration d'une stratégie de réduction des méfaits;
- amener les membres de l'équipe à concevoir un produit répondant aux objectifs et aux besoins exprimés par les jeunes de la collectivité, en respectant les délais et le budget fixés;
- appuyer le point de vue et les décisions des jeunes;
- responsabiliser les jeunes et leur donner la possibilité de perfectionner leurs aptitudes.

Pour atteindre nos objectifs, nous avions quatre étapes à franchir. La première, la planification et l'élaboration initiales de la proposition, jetait les bases de la participation des jeunes. La deuxième étape consistait à explorer le concept de réduction des méfaits, à expliquer comment évaluer les besoins et rédiger des rapports, puis à effectuer une évaluation pilote de besoins. L'évaluation officielle a été menée à la troisième étape et a permis de dresser une liste de produits potentiels à partir des données recueillies. À la quatrième étape, les jeunes ont décidé de créer un magazine et d'en faire le lancement à l'école secondaire.

LE CONCEPT DE RÉDUCTION DES MÉFAITS

La réduction des méfaits adopte une vision holistique des facteurs qui influencent la vie des gens et met en contexte les risques qu'ils courent. Dans le cas du projet HARRY, il s'agit de parer aux drogues, mais il pourrait tout aussi bien s'agir de parer aux risques posés par des relations sexuelles sans protection ou par des randonnées à bicyclette sans casque protecteur. Les mesures sont prises en vue de réduire les risques (p. ex. distribution de condoms pour empêcher la propagation des maladies transmises sexuellement) et non pas en vue d'empêcher les relations sexuelles.

La réduction des méfaits fait partie des approches de santé publique. Elle vise à diminuer les méfaits qui risquent d'affecter des individus, des groupes ou la société dans certaines situations particulièrement dangereuses. Il ne s'agit pas de décourager toute activité risquée, mais de proposer des moyens plus sûrs de se livrer à cette activité.

Certains partisans de la réduction des méfaits évoquent souvent le respect de la liberté individuelle. D'autres apprécient le côté impartial et non punitif de cette approche. Il faut se rendre à l'évidence : la consommation d'alcool et d'autres drogues ne disparaîtra pas. Certaines personnes arrivent à changer leur comportement, à diminuer ou à cesser leur consommation lorsqu'elles sont disposées à le faire. La réduction des méfaits leur évite de se retrouver à l'hôpital, en prison ou à la morgue. Cette approche s'emploie également à faire modifier les politiques gouvernementales, la législation et les conditions environnementales qui amplifient les dangers associés à la consommation de drogues.

Réduction des méfaits

- renseignements précis
- ressources
- éducation
- acquisition de compétences et de stratégies
- changement d'attitude
- interventions visant à modifier les politiques gouvernementales
- non axée sur l'élimination de la consommation d'alcool et d'autres drogues
- diminution des répercussions de l'alcool et des drogues pour l'usager, la collectivité et l'ensemble de la société

Points communs de l'approche participative et de la réduction des méfaits

- toutes les deux sont pratiques, conviviales et impartiales;
- toutes les deux reconnaissent les connaissances pratiques et l'expérience personnelle des gens quant aux méfaits causés par l'alcool et les drogues;
- toutes les deux mettent à profit les compétences, les points forts et les méthodes des jeunes participants.

«Les jeunes sont parfois portés à boire et à prendre de la drogue sans penser à leur sécurité, juste pour se rebeller contre la société qui leur dicte ce qui est bien ou mal. En agissant de la sorte, ils font du tort à eux-mêmes et à leur entourage. Si des choix leur étaient proposés, ils feraient probablement plus attention.»

Jeune de l'équipe

PARTICIPATION DE LA COLLECTIVITÉ

3

LES PARTENAIRES COMMUNAUTAIRES

La participation de la collectivité et d'autres organismes au projet HARRY a été le pilier de son succès. Les partenaires communautaires du projet ont investi du temps, de l'énergie, des compétences et des ressources non financières comme des locaux, des fournitures, des télécopieurs et des ordinateurs. D'autres organismes contribuèrent au projet sans faire partie de l'équipe responsable. De nouveaux partenaires s'ajoutaient en fonction des besoins qui se présentaient. Parmi les derniers venus, citons la Société d'aide à l'enfance de Haldimand-Norfolk, l'administration de l'école secondaire de Dunnville et le journal local, *The Dunnville Chronicle*. Le chef d'équipe a tenu tous les partenaires au courant de l'évolution du projet, a soumis les propositions aux membres de l'équipe et a veillé à ce que tous les intéressés puissent participer.

L'ÉQUIPE DU PROJET

L'équipe se composait d'élèves de l'école secondaire de Dunnville recrutés par l'intermédiaire du programme d'enseignement coopératif, d'employés de la division des toxicomanies du Service régional de santé de Haldimand-Norfolk et de membres du personnel du CTSM provenant de différentes divisions dont Santé et éducation communautaires, Recherche sociale, en prévention et en politiques de santé, ainsi que Communications et marketing.

Une fois la décision prise concernant la production du magazine, *The Dunnville Chronicle* a fourni des compétences techniques et des conseils sur la rédaction et la présentation du produit. Les jeunes de l'équipe se sont servis du matériel informatique et des logiciels du journal pour mettre en page leur magazine, sous la supervision du directeur-rédacteur en chef.

La Société d'aide à l'enfance (SAE) a aménagé des locaux dans son édifice pour permettre aux élèves de s'y rendre chaque jour pour effectuer leurs recherches et développer leur produit. La SAE a également mis d'autres ressources à leur disposition, dont des téléphones, des télécopieurs, une photocopieuse et les services d'une réceptionniste.

L'administration de l'école secondaire de Dunnville a, quant à elle, autorisé des jeunes du programme d'enseignement coopératif à prendre part au projet, à organiser des groupes de discussion et à recueillir des suggestions au sujet du contenu et du titre du magazine. Elle a aussi tenu une assemblée générale de toute la population étudiante (plus de 700 élèves) au cours de laquelle le magazine a été lancé.

«Mon expérience a été très enrichissante sur le plan de l'apprentissage, mais j'ai trouvé difficile de me déplacer et de voir tout le temps de nouveaux visages.»

Jeune de l'équipe

Leçons tirées

- La communication entre les membres du projet doit être ouverte et constante. Il faut clarifier et confirmer régulièrement les rôles et responsabilités des élèves participants et des partenaires.
- La souplesse est une qualité absolument essentielle. Le roulement de personnel au sein des organismes partenaires, les interruptions de travail, les fréquents déménagements de bureaux et les journées pédagogiques de l'école sont quelques exemples d'imprévus qui ont exigé une capacité d'adaptation. On doit donc prévoir ce genre de contretemps dans l'échéancier de production.
- Il faut s'attendre à des changements, en particulier dans le cadre de projets de longue haleine comme celui-ci.
- Même si l'équipe a apprécié les ordinateurs qu'on lui a donnés, elle s'est vite aperçue que le matériel informatique était souvent désuet et imprévisible. Il faut donc se doter de matériel informatique récent et fiable. Il est possible, par exemple, de louer de l'équipement au lieu d'accepter du matériel d'occasion.
- Il faut s'attendre à des retards si les élèves ne connaissent pas les logiciels utilisés.

LA PARTICIPATION
DES JEUNES

4

LE RECRUTEMENT

Il va sans dire que les jeunes participant au projet HARRY
étaient les membres les plus importants de l'équipe chargée
du projet. Ils ont été recrutés par l'entremise du programme
d'enseignement coopératif de l'école locale, qui permet à des
élèves d'acquérir des compétences et de l'expérience professionnelle en milieu de travail, tout en recevant deux crédits
valables pour leurs études secondaires de deuxième cycle après
un placement de 220 heures. Le rendement est évalué à la fois
par l'école et par un superviseur du lieu de travail. Grâce au
programme d'enseignement coopératif, neuf participants ont
pu consacrer 1 980 heures au projet HARRY.

Les services de bénévolat, les centres récréatifs, les organismes religieux, les groupes de jeunes, les centres d'accueil pour jeunes et les petites annonces dans les journaux sont également d'excellentes sources de recrutement.

Pourquoi choisir des élèves du programme d'enseignement coopératif

- Ils faisaient partie du groupe cible.
- C'étaient plus que des bénévoles; ils devaient respecter les exigences du programme d'enseignement coopératif pour recevoir leurs crédits.
- Ils pouvaient consacrer chaque jour beaucoup de temps au programme.
- Comme ils avaient facilement accès au groupe cible à l'école secondaire, ils pouvaient mener des sondages auprès des élèves et utiliser d'autres techniques de collecte d'information.

Qualités d'un superviseur auprès des jeunes

- avoir l'expérience du travail direct avec des jeunes
- connaître les questions d'intérêt traitées
- connaître la collectivité
- avoir foi dans l'approche participative

Un bon superviseur auprès des jeunes

- responsabilise les jeunes en les laissant libres de mener leur recherche et de développer leur produit à leur manière;
- laisse les jeunes prendre leurs propres décisions;
- donne des conseils, pas des ordres;
- croit au potentiel de chaque jeune et de l'équipe;
- offre du soutien en cas de difficultés personnelles ou pratiques.

«J'ai beaucoup apprécié de pouvoir travailler de façon indépendante, sans me faire dire constamment quoi faire. Nous avons réalisé notre propre projet avec un minimum d'aide extérieure.»

Jeune de l'équipe

LA SUPERVISION

Un adulte de l'équipe de projet doit guider les jeunes. Puisque le projet Harry s'inscrivait dans le programme d'enseignement coopératif de l'école, un superviseur avait déjà été désigné. Celui-ci travaillait sur place avec les jeunes et interagissait quotidiennement avec eux. Ensemble, ils établissaient des plans de travail et objectifs hebdomadaires, et ils se réunissaient régulièrement pour examiner leurs progrès. Le superviseur veillait également à ce que les jeunes aient suffisamment de ressources. Il assurait la liaison avec le personnel du programme et de l'administration scolaire, et avec les autres membres de l'équipe du projet.

Outre la supervision directe, il existe d'autres moyens de structurer le projet de manière à confier la responsabilité des jeunes à un adulte. D'autres groupes auront, par exemple, recours à un intervenant auprès des jeunes. L'important, c'est d'offrir aux jeunes le soutien, l'orientation et les encouragements dont ils ont besoin. Le superviseur ou l'intervenant doit animer en eux une volonté d'engagement et un sentiment d'appartenance à l'équipe du projet.

Leçons tirées

• Le superviseur doit entretenir des liens étroits avec les jeunes et l'équipe du projet pour veiller à ce que tous les participants soient tenus au courant de l'évolution du projet et des tâches accomplies par leurs collègues.

• Les élèves ont besoin de supervision directe et quotidienne pour accomplir leurs tâches pratiques. Sans supervision, certaines tâches demeurent inachevées et les problèmes de communication peuvent se multiplier. Étant donné leur expérience de travail souvent limitée, les élèves ont besoin d'orientation.

• Les élèves prennent exemple sur les adultes de l'équipe du projet. Il est donc primordial d'avoir de bonnes habitudes de travail, comme par exemple arriver à l'heure, téléphoner en cas de maladie, respecter les échéances, être fiable.

• Le soutien est une composante essentielle du travail auprès des jeunes. Il ne faut pas se contenter de les superviser, mais il faut aussi les appuyer dans leur démarche, les informer et leur fournir des précisions.

LA SÉLECTION

Le projet HARRY comprenait quatre étapes; les trois dernières exigeaient la participation des jeunes. L'étape du projet orientait le choix des élèves les plus aptes à participer. La deuxième étape nécessitait, par exemple, des aptitudes à la recherche documentaire, à la rédaction de rapports et au travail d'équipe. Pour la troisième étape, des compétences en informatique, un bon sens de l'organisation et un intérêt envers la méthodologie des sondages étaient nécessaires. Enfin, la quatrième étape faisait appel à la créativité, à des compétences en rédaction et à une curiosité manifeste envers le développement du produit. La sélection des trois élèves qui prenaient part à chaque étape s'est faite en fonction des aptitudes et des intérêts recherchés. Le choix a aussi tenu compte de l'intérêt des candidats pour les questions touchant l'alcool et les autres drogues.

Voici les critères utilisés pour la sélection des participants au programme d'enseignement coopératif :
• être étudiant du deuxième cycle
• avoir un intérêt envers les services sociaux, la recherche, le marketing, les affaires ou la santé
• pouvoir travailler en équipe
• pouvoir se passer de supervision
• être capable de respecter les échéances
• faire preuve d'impartialité et d'ouverture d'esprit
• avoir des liens avec des jeunes de l'école et de l'extérieur

Leçons tirées
• L'interaction avec des adolescents exige de la sensibilité et de la compréhension.
• Il faut se montrer vigilant et veiller à ce que la charge de travail soit équitablement partagée entre les trois membres de l'équipe.
• Même lors de l'évaluation du contenu et de l'exactitude du produit, les jeunes doivent se sentir maîtres de leur création. Il faut leur préciser dès le début que les changements porteront uniquement sur les inexactitudes du contenu.
• Une attitude trop critique à leur égard fait naître chez les jeunes un sentiment de frustration.
• Les aptitudes et les qualités recherchées chez les participants dépendent des tâches qui leur seront confiées.

Les responsables de futures initiatives auraient intérêt à se servir pleinement du courrier électronique, qui facilite l'examen des ébauches du produit et accélère le processus. Chaque jour, les élèves pourraient indiquer leur présence au moyen du courrier électronique.

LA RESPONSABILISATION

Les organisateurs du projet HARRY s'étaient engagés à privilégier l'approche participative. Une fois le projet terminé, ils ont interrogé les élèves pour déterminer s'ils avaient respecté leur engagement et si les jeunes s'étaient sentis écoutés et impliqués dans le projet. Les participants ont dit avoir beaucoup contribué à la conception et à la présentation globale du produit. Même s'il s'agissait d'un effort collectif, ils ont senti que leur contribution individuelle se reflétait dans le magazine.

Les compétences acquises au cours du projet indiquent également le niveau de responsabilisation des jeunes. Voici les compétences et valeurs que les participants disent avoir acquises grâce à cette expérience :
• production, rédaction et mise en page d'un magazine
• recherche (sondages et entrevues)
• prise de décisions par consensus;
• travail d'équipe et communication
• gestion du temps
• travail de bureau et liaison avec les services du gouvernement

Entre autres valeurs :
• ouverture à la stratégie de réduction des méfaits
• confidentialité
• fiabilité
• ouverture d'esprit

Types de participation des jeunes
• être membre de l'équipe du projet
• répondre à un sondage
• mettre à l'essai l'ébauche du produit
• utiliser le produit final
• contribuer au produit final
• suggérer un titre pour le magazine

Comment créer un environnement propice à la responsabilisation
• en respectant les adolescents et leur contribution
• en fournissant un environnement sécuritaire favorisant l'affirmation de soi
• en rendant l'expérience plaisante et amusante
• en créant un climat de confiance
• en étant à l'écoute des jeunes et en mettant en oeuvre leurs suggestions
• en encourageant les jeunes à prendre des décisions et en s'assurant qu'ils en prennent
• en récompensant les jeunes

«Dunnville est une petite ville. Les jeunes d'aujourd'hui deviendront les adultes responsables de cette communauté. En réduisant les méfaits causés par l'alcool ou d'autres drogues et par d'autres situations de la vie quotidienne, c'est toute la population de Dunnville qui sera gagnante.»

Jeune de l'équipe

«J'ai eu la chance d'apprendre comment on produit un magazine et la satisfaction de savoir que ma contribution aidera peut-être quelqu'un.»

Jeune de l'équipe

«Le projet a été pour moi une excellente occasion d'apprentissage. Je suis fier de savoir que tout ce temps investi fera bouger les choses dans ma communauté.»

Jeune de l'équipe

L'ORIENTATION

Les organisateurs du projet HARRY ont d'abord défini les compétences nécessaires aux élèves à chaque étape de mise en œuvre, puis ils ont élaboré un programme de formation en fonction des compétences. Parmi les domaines couverts, signalons la recherche documentaire, la connaissance de l'Internet, la collecte, l'analyse et le stockage de données, ainsi que le développement de produits. Pendant toute la durée du projet, une formation en cours d'emploi a été donnée par un membre adulte de l'équipe et, au besoin, par des partenaires communautaires. Il était important de bien expliquer aux jeunes la différence entre prévention et réduction des méfaits. Pour ce faire, l'orientation comprenait des exercices illustrant cette différence.

Étant donné que les membres de l'équipe changeaient suivant les étapes du projet, un exercice de motivation collective avait lieu au début de chaque étape pour que tous les participants se sentent responsables de l'évolution du projet et membres à part entière de l'équipe. Un exercice écrit sur l'engagement permettait aux participants de préciser les caractéristiques qui favorisaient l'esprit d'équipe ou y nuisait. Il s'agissait de tracer le contour de sa main sur une feuille et d'inscrire les caractéristiques positives sur les doigts et la paume. Les aspects négatifs apparaissaient autour de la main parce qu'ils entravaient la cohésion du groupe. Le tout, découpés et collés sur un carton, servait de rappel constant des éléments essentiels du travail d'équipe, et d'outil d'évaluation pour l'équipe.

RASSEMBLER L'INFORMATION

5

LA COLLECTE DES DONNÉES

Les jeunes avaient pour tâche de rassembler l'information nécessaire à la réalisation d'un magazine qui sensibiliserait leurs camarades à la réduction des méfaits. Il leur fallait donc apprendre à recueillir des données, à rédiger les questions appropriées et à les poser aux personnes appropriées, d'une manière appropriée. En développant le questionnaire, les jeunes ont retenu les questions qui, selon eux, étaient importantes. C'est là un des aspects fondamentaux du projet HARRY, à qui appartient-il? Il est arrivé aux élèves de choisir des questions moins pertinentes et d'oublier des points importants qui auraient permis de cibler le projet. Ils ont, par exemple, oublié de demander à quels dangers devaient faire face les jeunes en milieu rural.

Ce qu'implique la phase de collecte des données

- déterminer avec précision la question à étudier
- bien définir les renseignements recherchés
- choisir la meilleure façon de recueillir les renseignements (choix de la méthode : entrevues; groupes de discussion; questionnaires; analyse des ressources existantes; observations discrètes)
- déterminer les personnes à interroger et le moyen de les faire participer (quel avantage retireront-elles de leur participation?)
- s'assurer que les questions sont rédigées de façon à obtenir l'information recherchée (rejet possible de très bonnes questions si elles sont en dehors du sujet)
- poser des questions sur le sujet étudié (p. ex. réduction des méfaits)
- envisager l'aspect moral si certaines questions touchent à la vie privée des gens
- planifier la méthode d'analyse des renseignements recueillis
- penser au produit utilisé pour diffuser les résultats des recherches
- prévoir la façon dont l'information sera utilisée

Petit conseil pour les sondages

Pour l'élaboration d'un questionnaire, il faut inciter les élèves à porter leur attention sur ce qu'ils ont besoin de savoir plutôt que sur ce qu'il serait intéressant ou amusant de savoir. Ils doivent aussi penser à l'utilisation qu'ils feront des renseignements qu'ils auront en main. Les gens se font parfois prendre au piège en recherchant des renseignements qu'ils croient intéressants, sans tenir compte de leur utilité.

«La question à laquelle les jeunes ont le plus répondu leur demandait sur quelles drogues ils désiraient de l'information. La réponse la plus fréquente a été la marijuana.»

Rapport de l'équipe de jeunes

Le questionnaire a été mis à l'essai sur des élèves des deux sexes et de chaque année d'étude. Il devait couvrir tous les types d'usagers, des abstinents aux inconditionnels de l'alcool ou d'autres drogues. La population étudiante de l'école ayant été surestimée, 50 pour cent des élèves ont répondu au questionnaire, au lieu des 20 pour cent prévus à l'origine.

Les adultes en contact direct avec les jeunes de la collectivité ont aussi été appelés à répondre au questionnaire. Ils comprenaient des enseignants, des agents de police, des parents, des politiciens, des intervenants des services sociaux, des infirmières et des intervenants auprès des jeunes. Les questionnaires s'adressant aux adultes avaient pour but de déterminer à quels dangers les jeunes étaient exposés, d'évaluer leur connaissance des stratégies de réduction des méfaits et de déterminer leur ouverture face à ce genre d'approche.

Si la majorité des adultes s'était montrée réticente à cette approche, il aurait été difficile d'obtenir l'appui du public pour ce projet. Étrangement, les adultes semblaient plus ouverts à cette approche et à ses principes que les jeunes.

L'APPUI DE LA POPULATION AU CONCEPT DE RÉDUCTION DES MÉFAITS

Plusieurs stratégies ont été utilisées pour obtenir l'appui de la population. Le questionnaire a servi à interviewer les dirigeants communautaires et à informer les journaux locaux sur l'évolution du projet. En plus des présentoirs exposés dans l'école secondaire, de nombreuses présentations ont été faites devant les membres de clubs sociaux et les conseillers de la municipalité régionale de Haldimand-Norfolk.

Les commentaires et suggestions furent les bienvenus tout au long du projet. Les élèves du secondaire ont été à nouveau consultés pour donner un nom au magazine et à certaines rubriques, dont la page de réponses aux questions fréquemment posées par les élèves.

La directrice de l'école devait approuver tout le matériel de référence du magazine pour que le produit final ait de bonnes chances d'être distribué.

Toutes ces stratégies ont contribué à solidifier l'appui au
magazine et au concept de réduction des méfaits.

Pourquoi prendre tant de précautions? Parce que la réduction
des méfaits est une approche plutôt innovatrice susceptible
d'attirer la controverse. Il fallait obtenir l'appui incontesté de
la population pour assurer la crédibilité du projet et de bons
rapports avec la communauté. Cette approche préparerait le
terrain pour d'autres projets communautaires comme le projet
pour les jeunes ACTION (Alcool, Cannabis et Tabac :
promotION de la santé) de l'ASEPO*.

Leçon tirée

• À Dunnville, les dirigeants communautaires semblaient plus
  réceptifs que les jeunes au concept de réduction des méfaits.
  Cette réaction, à la fois surprenante et encourageante,
  traduisait un changement d'attitude impressionnant au
  sein de la population.

POURQUOI LA MÉTHODE DU SONDAGE A-T-ELLE ÉTÉ RETENUE?

La première étape du projet HARRY ne nécessitait pas la
participation des élèves. Elle a servi à établir des partenariats
et à obtenir des ressources, ainsi qu'à élaborer des plans et des
trousses d'information pour les entrevues auprès des élèves.
La deuxième étape a examiné les diverses façons de recueillir
l'information.

Les élèves ont reçu une formation sur l'évaluation des besoins
et les techniques de collecte de renseignements. Les élèves
ont essayé deux méthodes : les groupes de discussion et les
questionnaires. Les jeunes ont décidé d'organiser deux groupes
de discussion réunissant des élèves des deux sexes, de la 9e à
la 12e année. Ils ont déclaré ne pas se sentir à l'aise avec cette
méthode. L'échéancier serré du projet et les contraintes en
milieu rural ne permettaient pas de former adéquatement les
élèves sur l'organisation de groupes de discussion.

Définition d'un groupe de discussion

Un groupe de discussion :

• est une entrevue de groupe structurée.

• réunit des personnes pour parler d'un sujet
  précis.

• est composé de six à dix participants.

• peut durer jusqu'à deux heures.

Remarque : Un groupe de discussion ne devrait
pas comprendre trop de personnes pour conserver
une certaine discipline et permettre à tout le
monde de parler. Par contre, un trop petit
groupe a aussi ses désavantages. Les gens
peuvent être timides et éprouver de la difficulté
à entamer et entretenir une conversation. Les
séances trop courtes risquent de précipiter les
interventions, tandis que les séances prolongées
peuvent ennuyer les participants.

* © Association pour la santé et l'éducation physique de l'Ontario (ASEPO), 1996

La mise à l'essai de la méthode du questionnaire a remporté plus de succès. Après avoir administré le questionnaire à plusieurs classes, les jeunes se sentirent plus à l'aise avec cette méthode.

Ce rapport ne contient aucun échantillon de questionnaire pour ne pas influencer les autres collectivités intéressées à utiliser cette méthode et pour les inciter à mettre au point des questionnaires qui répondront à leurs besoins précis. Les collectivités devraient d'ailleurs encourager les jeunes à prendre en charge de tels projets.

Leçons tirées

• Les essais pilotes sont importants car ils permettent de déterminer la méthode de collecte des données qui convient le mieux au projet. Il faut aussi assurer un certain équilibre entre la responsabilité confiée aux jeunes et la collecte efficace des données.
• La vérification des chiffres s'avère importante. Par exemple, au début du projet, on s'est basé sur une estimation inexacte de la population étudiante de l'école pour établir un échantillon représentatif d'élèves.
• Les élèves se sont rendus compte de l'importance des essais et du temps qu'exige un questionnaire. Ils ont constaté qu'il fallait environ deux minutes pour répondre au questionnaire et non pas vingt comme ils l'avaient estimé.
• La mise à l'essai pilote a permis aux jeunes de rendre le contenu du questionnaire plus précis.

Bien-fondé de l'évaluation des besoins

Les experts se font trop souvent les porte-parole des citoyens et des communautés. Cependant, il importe d'effectuer des recherches préliminaires auprès des gens qui auront éventuellement à utiliser le produit ou le programme afin de vérifier leurs besoins. Comme ce sont eux, après tout, les experts de leur propre vie et de leur communauté, leurs expériences personnelles et leurs perspectives doivent être prises en considération.

L'ENTRÉE ET L'ANALYSE DES DONNÉES

Toute collecte de données nécessite des méthodes de codage
et d'analyse. Mais il faut d'abord savoir si le travail se fera
à la main ou avec un logiciel de gestion des données et les
aptitudes nécessaires.

Il faut aussi songer à l'organisation et à la manipulation des
questionnaires, ainsi qu'à la confidentialité. Dans le cas du
projet HARRY, les résultats ont été codés par classe, mais il
existe d'autres façons de procéder. Pour réussir, il faut veiller
à ce que l'équipe ait des compétences dans le domaine. Si ce
n'est pas le cas, il y a peut-être possibilité de se tourner vers
les ressources des partenaires communautaires ou de prévoir
dans le budget la possibilité d'embaucher un expert.

Leçons tirées

• Il faut bien réfléchir à l'entrée et à l'analyse des données
  et aux problèmes pouvant survenir.
• Il faut s'assurer à l'avance du bon fonctionnement de
  l'ordinateur et du logiciel de traitement des données.

LA SYNTHÈSE ET L'INTERPRÉTATION
DES RÉSULTATS

Une fois les réponses du questionnaire entrées dans le programme de traitement des données, il fallait les analyser. Les
jeunes avaient recueilli deux types de données : quantitatives
et qualitatives. Les données quantitatives permettaient
d'établir le pourcentage de personnes étant d'avis que la consommation d'alcool était problématique dans leur localité. Les
données qualitatives, c'est-à-dire les réponses aux questions
ouvertes, permettaient de compiler entre autres les stratégies
de réduction des méfaits. Dans l'absence de personnel qualifié
pour analyser ces données, il faudrait probablement avoir
recours à d'autres formes de collecte de données, comme des
groupes de discussion. Même si l'analyse des données recueillies
dans des groupes de discussion peut être fastidieuse, on peut
la faire soi-même si le nombre de participants et de questions
est limité.

L'examen des résultats a donné des idées à l'équipe pour son magazine. D'après l'analyse faite par l'équipe, 80 pour cent des jeunes interviewés trouvaient que la drogue était un problème dans leur collectivité, lequel se traduisait surtout par l'absentéisme et les suspensions scolaires. La plupart des élèves attribuaient cette situation à l'ennui (manque d'activités) et suggéraient des façons d'y remédier. Quant aux moyens utilisés pour les informer sur des sujets comme la drogue, l'alcool et des stratégies de réduction des méfaits, leur préférence allait vers la vidéocassette (83 p. 100), suivie de très près par le magazine. La majorité a indiqué que le meilleur endroit pour obtenir cette information était l'école.

Parmi les adultes interviewés, une vaste majorité a mentionné que la drogue et l'alcool constituaient un grave problème dans leur localité, et une proportion de 79 pour cent d'entre eux étaient en faveur de stratégies de réduction des méfaits, comme le programme de conducteur désigné.

METTRE AU POINT LE PRODUIT

6

LE CHOIX DU PRODUIT

La quatrième étape a commencé par une discussion sur le type de produit à concevoir. Les suggestions émises dans les questionnaires ont été étudiées attentivement. Le groupe a dressé une liste des produits possibles en se basant sur trois critères :
• l'efficacité
• la faisabilité
• l'enthousiasme des élèves envers leur participation au projet

Les objectifs poursuivis pour le projet étaient les suivants :
• sensibiliser les jeunes des milieux ruraux à la consommation
  sécuritaire d'alcool et d'autres drogues
• utiliser un style adapté à la clientèle cible
• être accessible à la clientèle cible
• présenter un produit bien conçu dont les jeunes seraient fiers

• donner des renseignements précis et utiles
• avoir recours au besoin à l'humour
• concevoir le produit en fonction des données recueillies
• obtenir l'appui de la collectivité

Ne perdant pas de vue ces objectifs, les élèves ont opté pour la production d'un magazine en raison de son caractère accessible et convivial, sans oublier son coût abordable. De plus, un magazine pouvait être lu en privé, s'adresser à un grand public et être conservé à titre de référence.

Avant de prendre une décision définitive, il fallait régler la question de la distribution du magazine et obtenir le soutien de l'administration scolaire.

Leçon tirée
• Il est important de laisser les jeunes prendre la décision finale sur le produit. D'autres choix de produits, comme des présentoirs de table ou encore des brochures sur les parties, plaisaient aux organisateurs, mais n'ont pas retenu l'intérêt des jeunes.

Ce qu'implique l'étape du développement

• Envisager de façon réaliste les ressources disponibles, c'est-à-dire l'équipement, la documentation et les compétences des participants.
• Définir avec précision les résultats de la recherche
• Utiliser les renseignements recueillis au cours de la recherche pour déterminer le produit le plus utile au public cible et le plus facilement réalisable : un programme; un service; une affiche; un livre, un magazine, une pièce de théâtre ou une vidéocassette d'information?
• Étudier les produits similaires en tirant des leçons des réussites obtenues et des erreurs commises
• Trouver des façons de faire participer le public cible à la mise au point du produit.
• Déterminer la meilleure façon de distribuer et d'annoncer le produit.
• Examiner le produit à toutes les étapes de son développement afin d'assurer son exactitude.

LA CONCEPTION DU PRODUIT

Une fois le choix arrêté sur un produit, les participants ont senti un regain d'énergie et un flot d'inspiration. L'équipe avait hâte de se mettre à l'oeuvre. Le travail à accomplir cependant a fait surgir certaines inquiétudes. Quelles compétences techniques et quelles ressources fallait-il pour créer un magazine?

Même si l'équipe s'enthousiasmait à l'idée d'acquérir des connaissances dans le domaine de la presse écrite, l'échéancier prévu limitait quelque peu ses aspirations. Il fallait faire appel à des ressources de l'extérieur. The *Dunville Chronicle* accepta d'apporter son aide au projet.

La première chose à faire était de s'assurer l'appui des partenaires, de l'école et de la communauté. Nous avons donc pris les précautions nécessaires mentionnées précédemment dans ce manuel pour garantir l'exactitude des renseignements fournis dans les articles et s'assurer le soutien de l'école; chaque page du magazine a reçu l'approbation de la directrice de l'école et du personnel du CTSM.

LA PRODUCTION DU MAGAZINE

Il fallait une fois de plus faire appel aux nombreux talents des membres de l'équipe. Un membre qui connaissait le domaine de la presse écrite a aidé à déterminer les ressources physiques dont le projet aurait besoin (reliure, impression en noir et blanc et en couleur, papier...).

Les jeunes ont défini le contenu du magazine et se sont réparti la rédaction et les autres tâches. Le journal local a dressé avec l'équipe un calendrier de production indiquant les dates de collecte du matériel nécessaire aux articles et les dates de tombée de ces pages.

Les jeunes se sont basés sur leur propre expérience et sur les recherches d'autres jeunes de l'équipe et du CTSM pour déterminer le contenu et la présentation visuelle du magazine.

«Le plus bénéfique pour nous a été de travailler au Chronicle et de créer notre propre magazine.»

Jeune de l'équipe

«J'ai bien aimé apprendre toutes les étapes de la création d'un magazine et savoir que ce que j'ai fait pourrait aider quelqu'un plus tard.»

Jeune de l'équipe

Dès qu'un article ou qu'une illustration était terminé, il était présenté au journal local qui l'entrait sur ordinateur. Chaque semaine, les élèves passaient une demi-journée au journal et suivaient le calendrier de production établi. Sous la supervision de personnel qualifié, les élèves ont exécuté eux-mêmes la mise en page. Une fois terminées, les pages étaient envoyées au CTSM pour la vérification du contenu, puis signées par la directrice de l'école. Les changements suggérés étaient apportés la semaine suivante au bureau du journal.

Au cours de cette étape du projet, les élèves ont demandé à leurs compagnons de classe de les aider à trouver un nom pour le magazine. Ils ont arrêté leur choix sur *Wild Times, Deadly Times.*

LANCER
LE MAGAZINE

7

Le lancement du magazine *Wild Times, Deadly Times* a été organisé conjointement avec l'école secondaire locale. Il fallait tirer un nombre suffisant d'exemplaires pour en remettre un à chaque élève de l'école et en conserver quelques-uns pour l'année scolaire suivante.

Plusieurs méthodes de distribution ont été envisagées. Le magazine distribué en classe sans explication risquait de ne pas éveiller l'attention des jeunes et de se retrouver tout simplement à la poubelle.

Il semblait plus avisé d'organiser une assemblée sur le thème de la réduction des méfaits. Cette assemblée fut tenue une semaine avant le bal des finissants. L'occasion était on ne peut plus idéale. La présentation s'est faite avec humour pour piquer la curiosité des jeunes. Au cours de l'assemblée, l'équipe du projet HARRY et le magazine ont été présentés aux élèves qui ont été prévenus qu'un exemplaire leur serait remis le lendemain, en classe. On a demandé à ceux et à celles qui ne désiraient pas lire le magazine de le retourner pour que d'autres puissent en profiter.

L'école a été extrêmement coopérative pour sa distribution; elle a même permis aux enseignants de prendre le temps de parler du magazine.

«Souvent, on hésite à demander de l'aide aux gens qu'on connaît. Ce magazine est utile car il nous permet de trouver nous-mêmes les renseignements que l'on cherche, sans avoir à les demander.»

Adolescent de Dunnville,
après le lancement du magazine

«Je savais qu'ils travaillaient sur ce projet, mais je pensais que c'était juste une brochure ou quelque chose du genre. Je ne m'attendais pas à un travail de qualité professionnelle.»

Adolescent de Dunnville,
après le lancement du magazine

«J'ai appris des choses intéressantes que beaucoup de gens, d'après moi, ne savent pas.»

Adolescent de Dunnville,
après le lancement du magazine

LEÇONS TIRÉES DE L'APPROCHE PARTICIPATIVE

8

Il y avait plusieurs points à considérer lors de l'élaboration du calendrier du projet HARRY. Comme on travaillait avec des adolescents, les plans devaient être très explicites, tout comme les échéanciers et les tâches à accomplir. Les étudiants ont trouvé utile de dresser des calendriers mensuels pour les aider à planifier leur temps. Pour établir un horaire réaliste, il a fallu également tenir compte de nombreux contretemps comme les pannes d'ordinateur, les changements de personnel, les interruptions de travail, les journées pédagogiques, la fin des exercices financiers et les journées consacrées au programme d'enseignement coopératif.

Pour les jeunes, la création du magazine représentait la partie la plus agréable et la plus satisfaisante du projet. Ils étaient sûrs d'avoir les compétences nécessaires. Il ne leur manquait plus que les ressources et le soutien technique.

Les jeunes ont investi énormément dans ce projet. Le fruit de leur travail serait distribué dans toute l'école, ils voulaient donc le produit le plus professionnel et le plus utile possible pour leurs camarades.

LE PROGRAMME D'ENSEIGNEMENT COOPÉRATIF

Le programme d'enseignement coopératif de l'école a encouragé la participation des élèves au projet. Le rapport qui s'est établi entre l'équipe HARRY et celle du programme d'enseignement coopératif a profité au projet, aux participants et à l'école dans son ensemble.

Le programme d'enseignement coopératif n'a pas été sans présenter quelques difficultés. Comme il s'étalait sur deux ans et trois trimestres, il était impossible de garder les mêmes jeunes tout au long du projet. Chaque trimestre, il fallait recruter, interviewer, choisir et orienter trois nouveaux élèves. Heureusement, chaque trimestre, il y avait au moins un participant de l'étape précédente qui avait déjà de l'expérience. Cette situation imprévue a été en fait favorable au projet et a assuré une forme de continuité.

L'ENGAGEMENT

Les jeunes ont admis que, même s'ils portaient un certain intérêt aux questions de drogues, ils ont pris part au programme d'enseignement coopératif en raison de l'expérience de travail et des crédits octroyés en vue du diplôme d'études secondaires. Par contre, plus le projet avançait, plus les objectifs du programme leur tenaient personnellement à cœur. Ce sentiment n'était pas partagé par tous les élèves, et s'est surtout manifesté au sein de la dernière équipe qui a produit le magazine. L'objectif de l'équipe était de créer un environnement où les jeunes se sentiraient à l'aise d'accomplir le travail attendu d'eux

«Tout le temps que nous avons passé à faire ce travail me procure une grande satisfaction et j'éprouve une certaine fierté à l'idée que nous avons contribué à changer quelque chose dans notre communauté.»

Jeune de l'équipe

Compter sur le programme d'enseignement coopératif s'est parfois révélé difficile. Deux des six élèves initiaux ont abandonné le projet ou cessé l'école pour une raison quelconque.

Leçons tirées
• Le recrutement des élèves doit se faire en fonction des tâches à accomplir.
• Les répercussions potentielles d'un élève qui abandonne doivent être envisagées.
• Il faut apprendre à accepter et à respecter les décisions des jeunes qui abandonnent le projet, et poursuivre le travail entrepris.
• Certains facteurs extérieurs ont une influence sur les élèves.

MAINTENIR L'ENGAGEMENT DE L'ÉQUIPE

Les membres de l'équipe étaient d'ardents supporters de l'approche participative, en particulier pour un projet destiné aux jeunes. Ils savaient que le produit serait plus convivial si les jeunes, eux-mêmes, le concevaient. En raison des distances à parcourir et par souci d'économie, peu de réunions ont eu lieu en début de projet. Toutefois, il a fallu augmenter leur fréquence parce que nous craignions que les membres de l'équipe n'accordent pas suffisamment d'importance à l'engagement et que les jeunes aient besoin de plus de supervision.

Leçons tirées
• Il faut préciser le rôle de chaque membre de l'équipe.
• Il faut s'assurer que la tâche de chaque membre est bien définie.
• Les membres doivent savoir où s'arrêtent leurs responsabilités.
• Il faut être conscient des attentes et espérances des membres de l'équipe.
• Les membres de l'équipe doivent avoir la possibilité de participer concrètement. Pour être valorisante, la participation doit être pertinente.
• Les membres ne doivent pas être tenus à distance, il faut qu'ils puissent voir leur travail de près.

Maintenir l'engagement

Achever un projet commencé revêt une grande importante lorsqu'on travaille avec les jeunes. Beaucoup de jeunes sont impatients et se découragent facilement. Ils manquent souvent d'expérience pour mener à terme des projets et résoudre des conflits. Quelquefois, ils ont connu plus d'échecs que de réussites. Par conséquent, l'équipe doit décider jusqu'à quel point elle doit tenter de retenir une personne. En évitant de trop insister, elle respecte le droit qu'a cette personne de se retirer. Il est important de faire la distinction entre soutien et thérapie.

«Le projet m'a appris tellement de choses; c'est aussi ma meilleure expérience de travail jusqu'à présent.»

Jeune de l'équipe

• Pour motiver les jeunes tout au long du projet, il faut leur confier des tâches valorisantes.
• Tous les membres ont des compétences différentes qui peuvent être utilisées à différentes étapes du projet.
• Les comités et les rôles de chacun évoluent.
• Des contacts entre les réunions permettent de s'assurer que tout le monde avance dans la même direction.
• Les rôles, les tâches à accomplir et les objectifs du projet doivent faire l'objet d'un consensus.
• Il faut apprendre à faire confiance aux jeunes et à respecter leurs décisions.

L'ÉVALUATION DU PROJET

Le CTSM a organisé des groupes de discussion à l'école secondaire après le lancement du magazine afin d'évaluer la réaction des élèves de la 9e à la 12e année. Le résultat a été très positif. La plupart d'entre eux avaient compris le message du magazine et le concept de réduction des méfaits. Comme il est très difficile de plaire à tous, il fallait s'attendre à ce que l'opinion des élèves des différents niveaux varie. Les élèves plus jeunes ont déclaré avoir obtenu de l'information qui leur était inconnue; les plus vieux auraient souhaité que les participants au projet soient mentionnés, même si ces derniers avaient demandé de ne pas l'être.

Responsabilisation réussie des jeunes

L'un des objectifs du projet HARRY était de responsabiliser les jeunes en leur faisant découvrir leurs propres talents et leurs capacités de résoudre leurs propres problèmes. Voici deux exemples illustrant la réalisation de cet objectif:

• Une élève, auparavant très timide et réservée, avait tellement pris d'assurance qu'elle a pu présenter le projet à un groupe d'adultes et décrire sa contribution.

• Lors du lancement du magazine, trois élèves avaient gagné suffisamment de confiance en eux pour s'adresser à des centaines d'élèves et enseignants et leur parler de leur participation au projet HARRY.

CONCLUSIONS

9

Le Projet de réduction des méfaits chez les jeunes des milieux ruraux a été un succès à bien des égards. Les jeunes qui ont pris part au projet l'ont trouvé très enrichissant. Ils étaient fiers de leur travail et du produit qu'ils avaient réalisé. Ils ont acquis de nouvelles compétences et une plus grande confiance en eux. L'équipe du projet a tiré des leçons importantes sur la façon de faire aboutir un projet fondé sur l'approche participative.

Les jeunes et les adultes qui ont pris part au projet ont trouvé l'expérience positive. Ils ont aimé le travail en équipe et ont tiré une grande fierté de leur participation. Signes concrets de réussite, les partenariats issus de ce projet ont donné lieu à des contributions en nature permettant de réaliser des économies. Le produit final, un magazine bien fait, rédigé et créé par des jeunes, et rempli d'informations pertinentes dans un format facile à consulter, a été très bien reçu. Grâce à ce magazine, les jeunes de Dunnville pouvaient obtenir de précieux renseignements ayant pour but de modifier leur attitude envers l'alcool et les autres drogues dans les années à venir et de réduire les méfaits causés par ces substances.

QUELLES ONT ÉTÉ LES RÉUSSITES DU PROJET?

Le projet a atteint ses objectifs à court terme :
• Le projet faisait appel à la participation des jeunes, des membres de la communauté, des écoles et du personnel du CTSM.
• Il a cerné les besoins de la collectivité et a obtenu son appui pour la réduction des méfaits.
• Le produit a été conçu dans les limites du budget et des échéances.
• Le magazine a été produit par et pour des jeunes des milieux ruraux.
• Les jeunes étaient responsables de leur projet; ils avaient le contrôle sur ce qu'ils réalisaient.
• Les opinions et les décisions des jeunes ont été respectées.
• Le projet a responsabilisé les jeunes et leur a permis d'enrichir leurs compétences.

LES FUTURS INDICATEURS DE RÉUSSITE

«Si ce projet réussit à réduire la consommation d'alcool et de drogues à Dunnville, peut-être influencera-t-il d'autres petites communautés à faire pareil.»

Jeune de l'équipe

«J'ai bien apprécié mes collègues de travail et je suis fière que nous ayons atteint notre but. Selon moi, le projet a été une réussite sur tous les plans.»

Jeune de l'équipe

«Je crois que nous avons fait un travail d'équipe extraordinaire en créant ce magazine.»

Jeune de l'équipe

À long terme, nous espérons que le produit aura les effets suivants :
• Le magazine continuera d'être lu par d'autres jeunes.
• En adoptant des stratégies de réduction des méfaits, moins de jeunes se mettront dans des situations dangereuses.
• Les services d'aide à la jeunesse et les écoles de Dunnville se serviront du magazine pour informer les jeunes sur les stratégies de réduction des méfaits.
• L'initiative suscitera l'intérêt de la population et servira d'exemple.
• D'autres collectivités entreprendront des projets similaires en se fondant sur la réussite de celui-ci.

Nous espérons sincèrement que ce projet incitera d'autres localités à mobiliser leurs jeunes et à les aider non seulement à améliorer leurs aptitudes, mais également à tenter de trouver des solutions aux problèmes de leur communauté. La créativité et les talents déployés au cours du projet a inspiré nombre d'adultes et de jeunes de leur entourage. Voilà donc un exemple éloquent de ce que peut accomplir la "liberté d'action".

www.ingramcontent.com/pod-product-compliance
Lightning Source LLC
Chambersburg PA
CBHW080938040426
42443CB00015B/3465